Gabriele Bartsch · Dorothee Moser
Alphabet für die erfolgreiche Kirchenfrau

Gabriele Bartsch · Dorothee Moser

Alphabet für die erfolgreiche Kirchenfrau

Seid klug wie die Schlangen

Kreuz

Vorwort

In unserer Arbeit begegnen wir häufig Frauen, die uns mit leuchtenden Augen erzählen, was sie sich vornehmen in ihrem Beruf, in ihrer Familie oder in ihrem Engagement in der Freizeit.

Wir stellen uns manchmal vor, dass es nicht mehr lange dauert, bis das Patriarchat aus den Angeln gehoben wird. Doch wer kennt die Situation nicht? Die guten Vorsätze und Vorhaben sind das eine, die Zähigkeit des Alltags das andere. Mit dem Alphabet möchten wir Frauen ansprechen, die Lust auf Veränderung haben und sich nicht von der ersten Schwierigkeit behindern lassen. Wir möchten Frauen in ihrem beruflichen, familiären, kirchlichen, sozialen und gesellschaftspolitischen Engagement unterstützen und sie ermutigen, sich mit einem klaren Ziel vor Augen auf den Weg zu machen.

„Seid klug wie die Schlangen und ohne Falsch wie die Tauben", riet Jesus den Jüngerinnen und Jüngern. Diesen Rat beherzigen wir in unserer eigenen Arbeit und möchten ihn an Sie weitergeben. Das Alphabet bündelt unsere Erfahrungen und gibt Impulse für Frauen, die wenig Zeit haben, Fachbücher zu lesen, aber dennoch erfolgreich sein möchten.

Im ersten Teil des Alphabets haben wir die wichtigsten Bausteine für den Erfolg zusammengetragen. Der zweite Teil ist eine systematische Darstellung strategischer Planung. Beide Teile sind inhaltlich miteinander verknüpft. Sie können das Alphabet gemeinsam in Ihrer Gruppe oder mit Freundinnen benützen oder auch für Ihren persönlichen Einstieg in den Tag, indem Sie sich für jeden Morgen ein Wort vornehmen.

Erfolg sehen wir nicht nur, wenn eine Frau eine Topposition erklimmt, sondern auch in den Veränderungen im Alltag. Wir sehen die erfolgreiche Frau in ihrer Ganzheit als kluge, emotionale, intelligente, intuitive, spirituelle und mutige Person. So haben wir Methoden der Erwachsenenbildung und des betrieblichen Managements verknüpft mit unserem ethischen Hintergrund, der gespeist ist von einer christlichen Werteorientierung. Wir sehen die erfolgreiche Kirchenfrau als Tochter Gottes, durch die etwas entsteht, das auch für andere bedeutsam ist.

Bei der Entstehung dieses Buches war es für uns wichtig, von Menschen inspiriert und ermutigt zu werden. Wir danken Elisabeth Michel-Alder, Eva Renate Schmidt, Manfred Bartsch und Alexander Steiner. Unser ganz besonderer Dank geht an Hildegunde Wöller, die uns persönlich ermuntert und kompetent beraten hat.

Stuttgart, im Februar 1999
Gabriele Bartsch und Dorothee Moser

Teil I

Alphabet für die erfolgreiche Kirchenfrau

Ansprüche

Frauen sind es oft nicht gewöhnt, Ansprüche zu stellen. Vielleicht steht in Ihrem Poesiealbum noch der Spruch „Sei wie das Veilchen im Moose, bescheiden, sittsam und rein, und nicht wie die stolze Rose, die immer bewundert will sein." Damit sind Frauen schon zu lange kleingehalten worden.

Deshalb sollten Sie sich jetzt einmal mit Ihren Ansprüchen auseinander setzen. Dabei ist es wichtig, dass Sie nicht von dem einen in das andere Extrem schwappen. Überlegen Sie, ob Sie in Ihrer Arbeit anspruchslos oder anspruchsvoll sind. Vergleichen Sie Ihre eigenen Ansprüche mit denen von Frauen und Männern in Ihrer Umgebung. Sind Ihre Ansprüche realistisch oder ist die Latte so hoch aufgelegt, dass Sie nicht mehr darüber springen können? Dann müssen Sie entweder darunter durch oder die Latte niedriger hängen.

* Perfektionismus
* Überforderung
* Ziele

Ärger

Lange wurde Frauen nicht erlaubt, Ärger offen zu zeigen. Sie wurden zum Stillhalten und zu Unterordnung erzogen. Deshalb neigen Frauen eher dazu, ihren Ärger zu schlucken oder ihn zu verbergen. Sie erlauben sich allenfalls zu nörgeln. Doch wenn Ärger gehemmt wird, nehmen wir uns ein Stück Lebendigkeit. „Wer Ärger zulässt, glaubt daran, dass man das Leben noch ändern kann" (Verena Kast).

Ärger ist ein hilfreicher Freund. Er macht uns darauf aufmerksam, dass wir mit uns selbst oder in Beziehung zu anderen unzufrieden sind. Er stößt an, bestehende Gewohnheiten und Beziehungen zu reflektieren, Arbeitsabläufe neu zu strukturieren, Konflikte zu bearbeiten, Nähe und Distanz neu zu bestimmen. Ärger kann Ansporn für Veränderung sein. Nutzen Sie Ihre Ärgerenergie als Energie zum Wandel und begnügen Sie sich nicht mit Nörgeln.

* Konflikt

Atem

„Gott gab uns Atem, damit wir leben" (EG 432). Der Atem belebt und richtet uns auf. Unser Atem hat einen natürlichen Rhythmus (Ausatmen, Pause, Einatmen), den wir oft einengen. Dadurch entstehen Verspannungen, wir werden innerlich steif, der Atem wird flach, die Energie stockt. Versuchen Sie Ihrem Atem die größtmögliche Freiheit zum natürlichen Fließen zu geben. Lassen Sie ihn frei durch Ihren Körper strömen bis in die Zehen und die Fingerspitzen, in Ihren Bauch und Ihre Füße. So können Sie Ihre körperliche und geistige Präsenz steigern und Ihre Flexibilität erhöhen. Wenn Sie Ihren Atemfluss festhalten, wird auch Ihr Einfluss reduziert. Atmen Sie vor aufregenden Situationen bewusst aus und ein. Bewusstes Atmen kann beruhigen und erden. Innere Entspannung kann sich einstellen, die nach außen strahlt und Gelassenheit bewirkt. Durch Atemübungen können Sie Ihre lebendige Ausstrahlung nähren und Ihre Stimme kräftigen. Mit einem ausgeglichenen Atemfluss können Sie lange Strecken durchhalten und kommen leichter an Ihr Ziel.

Atemübung: Stehen Sie hüftbreit, locker in den Knien und Schultern und heben Sie Ihre Arme wie Flügel bis auf Brusthöhe und atmen Sie dabei ein. Dann senken Sie Ihre Arme wieder und atmen dabei aus. Wiederholen Sie diese einfache Übung mehrmals.

* ruach

Aufbruch
Der Aufbruch ins „Gelobte Land" hat für Männer und Frauen unterschiedliche Bedeutung. Für das Volk Israel in biblischer Zeit hieß Aufbruch Befreiung aus der Sklaverei, aber auch Verzicht auf die Fleischtöpfe Ägyptens,

hinaus in unbekanntes Terrain. Zu wissen, was wir verlieren, aber nicht zu wissen, was wir gewinnen können, verunsichert und löst Ängste aus. Deshalb braucht jeder Aufbruch eine Vision, die uns in eine neue Zukunft führt und die uns aufbrechen lässt aus Altbekanntem. Aufbruch heißt für Männer heute Befreiung aus einer auf Hochleistung getrimmten Rollenzuschreibung, aber auch Abschied nehmen von Privilegien. Für Frauen bedeutet Aufbruch Befreiung aus patriarchaler Bevormundung, aber auch der Sprung ins kalte Wasser oder den Kopf hinausstrecken aus dem Krabbenkorb. Denn wer nichts wagt, gewinnt auch nichts.

* Hoffnung
* Sehnsucht
* Krabbenkorb
* Vision

B

Beratung
Bedenken Sie, dass Sie nicht die Einzige sind, die vor einer neuen Aufgabe steht. Es gibt sicher in Ihrer Umgebung Frauen und Männer, die schwierige Situationen schon gemeistert haben. Oder es gibt eine Person, die Ihnen einen ungewöhnlichen Rat geben kann, weil sie in einer ähnlichen Situation oder aber in einer ganz

anderen Umgebung lebt. Wer in Ihrer Umgebung könnte dies sein? Halten Sie Ihre Augen offen.

Durch Beratung können Sie die Sichtweisen von anderen Personen für sich nutzen und auch andere von Ihrer Erfahrung profitieren lassen. Die Methode der kollegialen Beratung ist dafür sehr geeignet. Sie können sie mit Freundinnen oder Kolleginnen praktizieren. Sie basiert auf sechs Schritten:

1. Darstellung der Situation
Schildern Sie Ihre Situation und formulieren Sie präzise, was Sie durch die Beratung klären wollen. Die anderen hören aufmerksam zu.

2. Nachfragen
Die beratenden Personen können bei sachlichen Unklarheiten nachfragen.

3. Analyse
Was fällt bei der Schilderung der Situation auf? Die Beraterinnen teilen ihre Beobachtungen, Ideen und Phantasien mit. Dabei hören Sie aufmerksam zu und kommentieren nicht.

4. Zusammenfassung
Fassen Sie Ihre Erkenntnisse aus der Analyse der anderen zusammen. Was war das Wichtigste? Was leuchtet Ihnen besonders ein?

5. Austausch
Alle überlegen sich nächste mögliche Handlungsschritte.

6. Feedback
Die Beratungsgruppe gibt sich gegenseitig Rückmeldung

über den Verlauf und das erzielte Ergebnis des Beratungsprozesses.

* Phantasie
* Wertschätzung

Bündnisse

Sie sind nicht allein auf dieser Welt. An jedem Ort, zu jeder Zeit und für jede Idee lassen sich Bündnispartnerinnen und -partner finden. Trotz unterschiedlicher Interessen und Meinungen können wir partielle oder zeitlich befristete Bündnisse eingehen. Die Frauen der Bundestagsfraktionen beispielsweise haben dies in den letzten Jahren erfolgreich praktiziert. Wann immer im Deutschen Bundestag etwas voranging für Frauen, dann war es der Bündnisfähigkeit dieser Frauen zu verdanken. Setzen Sie auf die Politik des „kleinsten gemeinsamen Nenners" statt auf zwanghafte Harmonisierung. Nutzen Sie die Möglichkeiten, die auch begrenzte Ziele bieten, bündeln Sie Kräfte, loten Sie Unterschiede und Gemeinsamkeiten aus und entwickeln Sie gemeinsam Konzepte.

* Harmonie
* Solidarität
* Zusammenarbeit

C

Chaosmanagement

Die Lebensplanung und die Lebensverläufe von Frauen sind sehr viel komplizierter als diejenigen der Männer. Aus der Verbindung von Beruf, Familie und ehrenamtlichem Engagement erwächst Frauen eine Kompetenz im Chaosmanagement. Flexibilität und Koordinierungsvermögen sind Fähigkeiten, die in der heutigen Zeit dringend gebraucht werden. Berufstätige Mütter müssen täglich eine Balance finden zwischen Chaos und Ordnung. Damit Neues entstehen kann, braucht es diesen Wechsel zwischen chaotischen, anscheinend ungeordneten und geordneten Phasen. Sammeln Sie Situationen, in denen Sie schon erfolgreich ein Chaos gemanagt haben, und erinnern Sie sich, wie Sie das bewältigt haben. Haben Sie etwas anderes liegen lassen? Haben Sie Aufgaben delegiert und zum Beispiel Ihren Kindern mehr Verantwortung übertragen? Schreiben Sie Ihre Erinnerungen sorgfältig auf. Je mehr Beispiele Sie analysieren, umso eher können Sie Muster Ihres erfolgreichen Chaosmanagements erkennen.

* Erfahrung

D

Differenz

Differenzieren heißt unterscheiden. Für die Frauenbewegung der 70er und 80er Jahre war es wichtig, die Gemeinsamkeiten von Frauen zu betonen. Dies war und ist notwendig, um eine Solidarisierung unter Frauen herbeizuführen. In den 90er Jahren wurde es wichtig, Frauen differenziert anzuschauen und wahrzunehmen, wie vielfältig die Lebensentwürfe und Lebensverläufe von Frauen sind. Mütter mit jungen Kindern haben andere Bedürfnisse als allein stehende Frauen, und Frauen, die das Augenmerk auf ihre berufliche Entwicklung legen, wieder andere als Frauen, deren Kinder gerade erwachsen geworden sind und sich neu orientieren.

Das genaue Hinsehen ist wichtig, damit nicht vorschnell vereinnahmt wird oder spezielle Erfahrungen und Kompetenzen übersehen werden. Denn in unterschiedlichen Lebensläufen können sich auch unterschiedliche Talente entfalten.

Wenn Sie ein Projekt planen, brauchen Sie diese unterschiedlichen Erfahrungen und Sichtweisen. In einer Gruppe – auch wenn sie schon einige Zeit existiert – kann es sehr erhellend sein, einmal eine Differenzierungsübung durchzuführen, um die Bandbreite der vorhandenen Erfahrungen sichtbar werden zu lassen.

Stellen Sie folgende Fragen und lassen Sie die betreffenden Personen sich entsprechend gruppieren. So werden die Unterschiede im Raum sichtbar.
1. Wer lebt allein? (Erfahrungen in Selbstorganisation)
2. Wer lebt in Gemeinschaft mit anderen Personen? (Erfahrungen im Interessenausgleich)
3. Wer hat Erfahrungen im kirchlichen Engagement? Wer engagiert sich im gesellschaftlichen Bereich? (Erfahrungen aus verschiedenen Milieus)
4. Wer hat/te ein (kirchen-)politisches Mandat? (Erfahrungen mit Strategien und Strukturen)
5. Wer ist berufstätig und hat Kinder? (Erfahrungen im Chaosmanagement)
6. Wer hat/te eine Führungsaufgabe? (Erfahrung, Ziele zu formulieren und umzusetzen)
7. Wer hat Diskriminierung erfahren? (Sensibilität für Unterdrückung)
8. Wer war im Leben in irgendeinem Bereich die Erste, z. B. erstes Kind, Klassenbeste, erste Frau in einem Beruf/Gremium? (Erfahrungen als Pionierin)

* Fähigkeiten
* Talente

Diplomatie
Diplomatisch sein heißt, geschickt und klug zu verhandeln, um seine Ziele zu erreichen, ohne andere zu verärgern. Im familiären Umfeld sind Frauen in dieser

Kunst Meisterinnen. Machen Sie sich diese Kompetenz auch für Ihr berufliches, kirchliches und gesellschaftliches Engagement zu Nutze. So wie in der Familie brauchen Sie dazu gute Kenntnisse über die Strukturen, über die Menschen und deren Verhaltensmuster, über „Vorgeschichten" und über die Schlüsselpersonen. Nicht immer ist die ranghöchste Person auch die mächtigste Figur.

Effektivität und Effizienz
In der Betriebswirtschaft werden die beiden Begriffe unterschieden, in der Alltagssprache häufig verwechselt. Effektiv arbeiten heißt die richtigen Dinge tun. Gemeint ist dabei, sich vorher zu überlegen, welche Lösung den gewünschten Effekt herbeiführt bzw. zum Ziel führt. Wogegen effizient arbeiten heißt die Dinge richtig tun. Weil es immer mehrere Lösungen gibt, die den gewünschten Effekt erzielen können, bedeutet eine effiziente Lösung, dass mit dem niedrigsten Einsatz der größtmögliche Erfolg erzielt wird.

Entscheidung
Sind Sie entscheidungsfreudig oder zögern Sie Entscheidungen eher hinaus? Jede Entscheidung ist situationsbezogen und schließt Dinge ein und anderes aus, das schafft jedoch Klarheit. Wenn wir Dinge zu lange vor uns herschieben und nicht entscheiden, wird unsere Energie gebunden und blockiert. Entscheidungen zu treffen macht offen für neue Entwicklungen und fordert heraus, für die eigene Entscheidung auch Verantwortung zu übernehmen. Scheuen Sie diese Herausforderung nicht. Getroffene Entscheidungen machen Sie handlungsfähig.
Wenn Sie hin- und hergerissen sind, welche Entscheidung die richtige ist, dann lassen Sie sich beraten: ein Blick von außen hilft, zu sortieren und Prioritäten zu setzen. Gönnen Sie sich bei einer schwierigen Entscheidung genügend Zeit zum Nachdenken und trauen Sie Ihrer Intuition.

* Beratung
* Intuition
* Klarheit

Erfahrung
Es ist die Errungenschaft der Frauenbewegung, Frauenerfahrungen ins Zentrum zu rücken und diese ernst zu nehmen. Schätzen Sie Ihre Erfahrungen wert und formulieren Sie daraus Qualifikationen. Wenn Sie sich bei-

spielsweise für eine Stelle bewerben, bei der Organisationsvermögen verlangt wird, können Sie Ihre Erfahrung beim Organisieren von Festen vorweisen. Oder wenn Sie eine Jugendgruppe geleitet haben, bringen Sie diese Führungserfahrungen ein. Testen Sie vorher, wie sich das anhört und wie Sie es am besten formulieren können. Suchen Sie sich Frauen und Männer mit Erfahrung, von denen Sie lernen können und die Sie inspirieren.

Erfolg
Wie stehen Sie zu folgenden Redensarten: „Erfolg macht einsam", „Eigenlob stinkt", „Erfolg verdirbt den Charakter", „Wenn es am schönsten ist, sollte man gehen"? Was für eine Einstellung haben Sie zu Erfolg? Möchten Sie erfolgreich sein oder bereitet Ihnen dieser Gedanke Unbehagen? Erfolg setzt die Bereitschaft zu fortdauerndem Lernen voraus. Diejenigen lernen am besten, die
– die Verantwortung für sich selbst und ihr Leben übernehmen,
– eine Vorstellung davon haben, was sie in ihrem Leben erreichen möchten,
– dafür sorgen, dass sie ihre Ziele auch verwirklichen,
– ihre Zukunft nicht einer Instanz (z. B. dem Arbeitgeber, dem Partner oder der Partnerin, der Politik) überlassen.

Erfolg verbreitet gute Laune und spornt an für neue Vorhaben. Wichtig ist bei Ihrem Vorhaben, dass Sie Ihre Erfolgserwartung in Beziehung setzen zu den Möglichkeiten in Ihrem Umfeld.

* Gebet
* Ressource

Erotik
„Erotik ist die Amme des Wissens" (Audre Lorde).
Erotik wird häufig völlig zu Unrecht auf Sexualität reduziert. Doch Erotik umfasst die Lust und die Leidenschaft des ganzen Menschen. Die erotische Energie ist das Licht, das Sie zum Strahlen bringt. Sie ist die innere Triebfeder, die Sie antreibt und motiviert. Je mehr Sie in Ihrem Inneren diese Energie pflegen und von dieser Energie nach außen verströmen, umso mehr werden andere Lust haben, mit Ihnen zusammenzuarbeiten.

Fähigkeiten
Wenn wir eine Idee entwickeln und überlegen, wer kann/soll hier mitmachen, fallen uns oft Frauen (und Männer) ein, die ganz ähnlich sind wie wir selbst. Bei einem solchen Vorgehen besteht die Gefahr, dass wich-

tige Fähigkeiten für die Verwirklichung einer Idee fehlen. Oder wir überlegen ausschließlich nach formalen Gesichtspunkten, z. B. welche Organisationen, Gremien, Parteien oder leitende Personen einbezogen werden müssen. Auch ein solches Verfahren birgt die Gefahr, dass notwendige Kompetenzen und Erfahrungen fehlen.

Die Geschichte der beiden Schwestern Maria und Martha (Lukas 10, 38–42) ist häufig so interpretiert worden, als ob hier zwei Rollenmodelle miteinander konkurrieren: hier die dienende und fürsorgliche Martha, dort die intellektuelle Maria, die mit Jesus kommuniziert. Wir können die Geschichte auch so sehen, dass hier zwei Kompetenzprofile dargestellt werden, die beide notwendig sind.

Wenn Sie eine Projektgruppe oder ein Gremium zusammenstellen, achten Sie darauf, dass unterschiedliche Fähigkeiten versammelt sind:

Träumerinnen
Sie können vom Boden abheben und lassen sich nicht sofort von der Realität einholen. Sie lassen ihrer Phantasie freien Lauf und lähmen sich nicht durch Einwände wie „Das haben wir noch nie so gemacht" oder „Das ist nicht finanzierbar".

Realistinnen
Sie stehen mit beiden Beinen auf dem Boden. Sie lassen

sich nichts vormachen und holen „Hirngespinste" auf den Teppich.

Politikerinnen
Sie haben Kontakte und pflegen Beziehungen. Sie haben Erfahrung im Umgang mit unterschiedlichen Interessen, schaffen die Balance zwischen Wunsch und Wirklichkeit und öffnen Türen. Sie kennen sich aus auf dem politischen Parkett und kennen die Spielregeln.

Kritische Geister
Sie stellen hilfreiche Fragen und überprüfen Ideen. Sie können sich in andere hineinversetzen und spüren so mögliche Widerstände auf.

Feiern

Im Lebensvollzug kennen wir viele Feiern: Wir feiern Geburtstage, Hochzeiten, bestandene Prüfungen und Jubiläen. Feiern enthebt uns für kurze Zeit dem Alltag. Nicht nur die großen Ereignisse sollten uns zum Feiern verleiten, sondern auch andere Anlässe. Wenn Sie ein gestecktes Ziel erreicht haben, halten Sie inne und genießen Sie diesen Erfolg mit einem Kinobesuch, einem freien Abend oder auch einem Essen mit lieben Menschen.

Freude

Die Freude ist wie eine Freundin, die wir einladen können. Was sie bewirkt, beschreibt Hildegunde Wöller.
„Freude, besonders die Freude am eigenen Sein, macht großzügig. Wer sich freut, gönnt auch anderen Freude, möchte sie mit anderen teilen und ihnen Freude machen. Freude ist der Inspiration und der Hoffnung sehr nahe verwandt. Freude ist der Grundrhythmus des Herzens selbst, und seine Musik ist Lebensmut. Freude ist Lebensenergie, Freude ist Nahrung für die Seele. Gönne sie dir, es kann nie genug davon geben."

Führung

Frauen und Führung – passen diese zwei Wörter für Sie zusammen? Warum – warum nicht? Was zeichnet für Sie einen guten Führungsstil aus? Wo in Ihrem Leben übernehmen Sie Führung? Im Haushalt, in der Gemeinde, im Beruf? Was gefällt Ihnen daran, was nicht? Was können Sie besonders gut? Wo möchten Sie noch dazu lernen? Nutzen Sie Ihre unterschiedlichen Führungserfahrungen und überlegen Sie, was auf andere Bereiche übertragbar ist, z. B. aus der Familie in den Beruf und umgekehrt. Führung übernehmen heißt Ziele setzen und dafür sorgen, dass sie auch umgesetzt werden. Im Alten Testament gibt es eine herausragende Führungsfrau, die uns auch heute noch Vorbild sein kann. Die Prophetin Mirjam sorgte dafür, dass das Volk Israel befreit wurde, indem sie neben Mose und Aaron einen

Führungsanspruch gestellt hat (2. Mose 15, 20 und 4. Mose 12, 1–15). Scheuen Sie sich nicht, Führung zu übernehmen.

Gebet

„Das Gebet ist meine tägliche Atmung" (Jacques Gaillot). So verstanden ist Gebet ein Lebenselixier, aus dem wir Energie schöpfen können. Im Gebet können wir uns verbinden mit der göttlichen Kraft, die höher ist als all unsere Vernunft. Wir müssen und können nicht alles aus eigener Energie schaffen.

Geduld

Manchmal erledigen sich Dinge von selbst. Personen in Funktionen wechseln, politische Konstellationen verändern sich oder wir sehen Dinge nach einer Weile mit Abstand gelassener. Es kommt darauf an, den Augenblick zu erkennen, wann Geduld und wann Ungeduld produktiver ist. Beide zusammen bringen eine gute Mischung und stärken sich gegenseitig. Wir brauchen je nach Lage „ungeduldige Geduld" oder „geduldige Ungeduld" (Dorothea Margenfeld).

Geld
Frauen wird nachgesagt, sie hätten kein Verhältnis zu Geld, obwohl die meisten das Haushalts- und Familiengeld verwalten. Dieses Missverhältnis zwischen Image und Wirklichkeit hängt sicher damit zusammen, dass Frauen es nicht gewöhnt sind, für ihre Leistungen adäquate Forderungen zu stellen. So verdienen Frauen für vergleichbare Leistungen durchschnittlich weniger als Männer. Es wird also Zeit, dass wir unser Verhältnis zum Geld überdenken und uns an „männlichen" Maßstäben messen. Dies fängt damit an, sich über Standards zu informieren. Haben Sie keine Scheu, sich in Ihrem Bekanntenkreis umzuhören, bei Berufsverbänden nachzufragen oder sich bei anderen Stellen zu erkundigen. Wenn Sie selbst das Gefühl haben, Ihre Forderung ist überzogen, wird sie gerade richtig sein. Bevor Sie in Verhandlungen gehen, überlegen Sie sich, ob Sie auf dem Fachgebiet Anfängerin sind, ob Sie sich im Mittelfeld platzieren oder ob Sie die Expertin auf dem Markt sind.

Geld wird auch gebraucht für Aktionen, Projekte, Veranstaltungen. Meist gehen wir davon aus, dass es keines gibt. Dies ist ein Trugschluss. Die Bereitschaft von Menschen, für bestimmte Vorhaben Geld zur Verfügung zu stellen, ist gewachsen. Beim Geldbeschaffen sollten Sie folgendes beherzigen:
1. Nur wer von der eigenen Sache überzeugt ist, kann auch andere überzeugen.
2. Überlegen Sie vorher, wer an dem geplanten Projekt

ein Interesse haben könnte. Die Gründe können unterschiedlich sein und müssen nicht in jedem Fall einer moralischen Prüfung unterzogen werden.
3. Diejenigen, die Geld sammeln, müssen dies gerne tun. Ein schlechtes Gewissen ist der sichere Weg zum Misserfolg.
4. Lassen Sie sich in jeder Hinsicht beraten, z. B. von anderen erfolgreichen Projekten. Binden Sie Schlüsselpersonen in Ihr Vorhaben ein und lassen Sie andere mitdenken.

Überlegen Sie, wer Interesse an einer Kooperation haben könnte und was die betreffende Person oder Organisation einbringen könnte, z. B. Infrastruktur, Personal, Räume etc.

* Beratung
* Fähigkeiten

Gewinn
Was verbinden Sie mit Gewinn? Dass die andere Person verliert? Es gibt eine Methode der Interessensvertretung, bei der niemand verliert, sondern alle Beteiligten gewinnen. Sie können diese Win-Win-Methode in allen Bereichen anwenden, wo mehrere Menschen miteinander leben und arbeiten: z. B. in Gremien, in Ihrer Abteilung, in der Familie. Gehen Sie die folgenden sechs Schritte nacheinander durch.

1. Die unterschiedlichen Interessen benennen. Wer hat welches Interesse?
2. Brainstorming: Gemeinsam alle möglichen und unmöglich erscheinenden Lösungen zur Verwirklichung der unterschiedlichen Interessen sammeln, ohne zu bewerten.
3. Die Lösungen bewerten. Welche Lösungen sind akzeptabel und dienen allen Interessen und welche nicht?
4. Die beste Lösung aussuchen.
5. Die Umsetzung der gewählten Lösung vereinbaren.
6. Nach einiger Zeit überprüfen, ob die gewählte Lösung allen Interessen gerecht wird.

* Harmonie

Glaube

Glaube nährt die Hoffnung auf eine Zukunft in Gerechtigkeit und kann Mut geben zum Handeln. „Dein Glaube hat dir geholfen." Diesen Satz sagte Jesus mehrmals zu Frauen, denen er begegnet ist. Ihr Glaube gab diesen Frauen die Kraft, an ihrem Vorhaben dranzubleiben (die fordernde Witwe, Lukas-Evangelium 18,1 ff.) und nicht klein beizugeben (die blutflüssige Frau, Matthäus-Evangelium 9,18 ff.), hartnäckig zu sein (die kanaanäische Frau, Matthäus-Evangelium 15, 21 ff.) und zielgerichtet zu handeln (die Frau, die Jesus salbte, Markus-Evangelium 14,3 ff.).

H

Harmonie
Wie groß ist Ihr Bedürfnis nach Harmonie? Was zeichnet Harmonie für Sie aus? Wer in Ihrem Lebensumfeld sorgt für Harmonie und auf wessen Kosten entsteht sie? Harmonie ist nur dann wirkliche Harmonie, wenn alle beteiligten Personen dazu beitragen und wenn Konflikte und Meinungsverschiedenheiten darin Raum finden und ausgetragen werden.

* Gewinn

Humor
Humor ist eine Einstellung zur Welt, die die Unzulänglichkeiten und Schwächen des eigenen Daseins durchschaut, sie liebevoll von allen Seiten anschaut und im Verzeihen darüber lachen kann. Humor ist gebaut auf Selbsterkenntnis und Lebenserfahrung und führt uns zur inneren Überlegenheit.

* Optimismus

Hoffnung
Hoffnung ist der Motor für Veränderung. Wenn Sie Projekte neu beginnen, dann überprüfen Sie, ob darin ein Schatz an Hoffnung verborgen ist. Nur wenn dies der Fall ist, lohnt es sich, das Projekt zu beginnen. Überlegen Sie sich bei jeder Tätigkeit, welche Hoffnung Sie damit verbinden und was Sie sich davon versprechen. Sie können sich an diese Hoffnungsmotivation erinnern, wenn Sie den Eindruck haben, alles sei zäh und aussichtslos. Umgeben Sie sich mit zuversichtlichen Menschen und nutzen Sie die Energie, die in der Hoffnung steckt.

* Aufbruch
* Optimismus
* Vision

I

Information
Wissen ist Macht! Wie stehen Sie zu dieser Aussage? Informationen sind wichtig, um Zusammenhänge zu verstehen und um sich eine Meinung bilden zu können. Sind Sie der Meinung, dass andere mehr wissen als Sie? Scheuen Sie sich nicht, Fragen zu stellen! Es gibt Menschen, die gerne andere an ihrem Reichtum teilhaben

lassen. Und es gibt Menschen, die mit zurückgehaltenen Informationen Macht ausüben.

* Macht

Interesse
Wer sich für etwas engagiert, was nicht im eigenen Interesse liegt, wird schnell scheitern oder mangels Erfolg das Vorhaben aufgeben. Deshalb raten wir Ihnen, dass Sie Ihre Interessen prüfen und sich von ihnen leiten lassen. Dies ist weder egoistisch noch selbstsüchtig. Es ist ein menschliches Prinzip, das wir bei Kindern sehr gut beobachten können. Von ihnen können wir lernen, dass wir nur dort gut sind, wo es uns hinzieht.

Intuition
„Intuition ist eine spirituelle Fähigkeit. Sie gibt keine Erklärung, sondern zeigt lediglich den Weg" (Florence Scovell Shinn).
Die Intuition ist ein innerer Kompass, der Ihnen die Richtung zeigt. Sie ist Teil unserer emotionalen Intelligenz und speist sich aus Wissen und Erfahrung. Hören Sie auf Ihre innere Stimme, die Ihnen sagt, wie Sie handeln und welche Richtung Sie einschlagen sollen. Nehmen Sie sich Zeit, um gedanklich zur Ruhe zu kommen und auf Ihre intuitive Stimme zu lauschen.

J

Jo-Jo
Geschicklichkeitsspiel mit Schnur und daran befestigter Holzscheibe. Üben Sie sich im Jo-Jo-Spielen. Es schult die Fähigkeit, im richtigen Moment loszulassen und anzuziehen.

K

Klarheit
Klarheit nach außen setzt Klarheit nach innen voraus. Dies trifft sowohl für eine Person als auch für eine Organisation zu. Je klarer Sie wissen, was Sie wollen, desto klarer können Sie Ihr Interesse nach außen vertreten.

Klarheit zeigt sich in Ihrem Blick, an Ihrem Stand, in Ihrem Auftreten. Klarheit können Sie einüben. Meditative Übungen können die Entwicklung geistiger Klarheit unterstützen. Nehmen Sie sich vor, während Ihrer Arbeit immer wieder
- aus dem Fenster zu schauen und einen Punkt zu fokussieren,
- bewusst ein- und auszuatmen,
- Ihre Augen zu schließen und einen Blick für das Wesentliche zu entwickeln,

– mit Ihren Füßen den Bodenkontakt herzustellen und sich innerlich aufzurichten. Spüren Sie den roten Faden, der vom Boden her durch Sie hindurchgeht und Sie mit dem Himmel verbindet.

Durch Klarheit bekommen Sie Profil, und Ihr innerer Glanz kann nach außen strahlen.

* Ziele

Konflikt

Konflikte sind normal, wo Menschen miteinander kommunizieren und arbeiten. Sie haben mit jemandem einen Konflikt, wenn Sie durch sein oder ihr Verhalten an der Befriedigung Ihres Bedürfnisses gehindert werden und diese Person ihr Verhalten nicht ändern will. Zum Beispiel wollen Sie in Ruhe telefonieren, aber Ihre Kollegin hört lautstark Radio im Zimmer.

Wir haben vor Konflikten oft Angst, weil wir nicht wissen, wie wir sie konstruktiv lösen können, sodass die Beziehung keinen Schaden nimmt. – Gehen auch Sie Konflikten gerne aus dem Weg und schlucken Ihren Ärger? Beschließen Sie heute, Konflikte nicht länger auf die lange Bank zu schieben, sondern sie anzusprechen. Fünf Schritte helfen Ihnen dabei:

1. Senden Sie eine Ich-Botschaft: Welches Verhalten stört Sie?

2. Benennen Sie die Auswirkungen auf Sie persönlich (z. B. Konzentrationsmangel, Zeitverlust).
3. Sprechen Sie über Ihre Gefühle (z. B. Ärger*, Frust).
4. Nehmen Sie die Reaktionen der konfrontierten Person sensibel wahr und hören Sie aktiv zu.
5. Suchen Sie gemeinsam nach möglichen Lösungen und verabreden Sie die beste Lösung.

* Ärger

Konkurrenz

Konkurrenz belebt das Geschäft! Übertragen Sie diesen Satz aus der Betriebswirtschaft einmal auf Ihre menschlichen Beziehungen. Wie können Sie Konkurrenz als produktiven Faktor einsetzen? Beispielsweise indem Sie von einer Person, die etwas besser kann, lernen. Oder wenn jemand eine gute Idee äußert, können Sie diese weiterentwickeln.

Unter Frauen sind wir eher gewohnt, Konkurrenz zu tabuisieren, also nicht darüber zu sprechen. Konkurrenz wird dann unproduktiv, wenn wir sie nicht wahrhaben wollen und in verdeckter Weise agieren. Wir halten es oft lieber mit der Königin, die den Spiegel befragt: „Wer ist die Schönste im ganzen Land?" und vor Neid und Eifersucht platzt, weil der Spiegel Schneewittchen nennt.

Konkurrenz kann sich aber als produktive Kraft entfalten, wenn wir offen mit ihr umgehen, uns unseres eigenen Wertes bewusst werden und uns freuen, wenn unsere Schwestern neben uns glänzen.

* Krabbenkorb

Krabbenkorb
Es wird Frauengruppen gelegentlich nachgesagt, sie verhielten sich wie ein Krabbenkorb. Krabben müssen nicht beaufsichtigt werden. Sobald eine versucht, aus dem Korb zu krabbeln, wird sie von den anderen zurückgehalten. Zugegeben, dies ist kein sehr charmantes Bild. Aber unabhängig von organisatorischen, strukturellen und gesellschaftlich bedingten Hürden und Erschwernissen müssen wir uns auch die Frage stellen, welchen Anteil Frauen selbst daran haben, dass sie so langsam vorwärts kommen. Sorgen wir dafür, dass der Krabbenkorb sich in ein Netzwerk verwandelt. Vier Grundhaltungen können dazu beitragen:
1. Unterstützen statt behindern.
2. Handeln statt klagen.
3. Loben statt schweigen.
4. Kritisieren statt tratschen.

L

Liebe

Liebe (Beziehungen, Familie, Freundinnen und Freunde) und Arbeit (Beruf, Einkommen, Leistung, Aufgaben) durchströmen unser Leben. Diese beiden Ströme fließen oft gegeneinander, der eine Strom kann sich auf Kosten des anderen durchsetzen. Versuchen Sie, eine Balance zwischen Lieben und Arbeiten zu finden, so dass beide sich gegenseitig beflügeln können.

Lobby

Was verbinden Sie mit Lobby? Ellbogenmentalität, Egoismus, Interessenvertretung? Lobbying ist zu einer neuen Strategie in der Frauenbewegung geworden. Unter Lobby verstehen wir eine Interessengruppe, die versucht, die Entscheidung von Politikerinnen und Politikern zu beeinflussen und Abgeordnete für ihre Interessen zu gewinnen. In britischen und amerikanischen Parlamentsgebäuden gibt es die Wandelhalle (Lobby), wo Interessengruppen mit Abgeordneten zusammentreffen und miteinander diskutieren können. Lobbying ist eine Aktionsform, um für Fraueninteressen eine politische Öffentlichkeit zu schaffen.

Beobachten Sie in Gremien, wie Fraueninteressen vertreten werden. Leitfragen für das Lobbying:

- Was wollen Sie erreichen?
- Was sind Ihre Argumente?
- Welche Personen sind zentral? Welche Personen wollen Sie besonders ansprechen?
- Wie gehen Sie mit Gegenargumenten um?

* Netzwerk

M

Macht
Wollen Sie damit lieber nichts zu tun haben? Warum nicht? Oder verspüren Sie Lust auf Macht? Was lockt Sie daran?
In seiner ursprünglichen Bedeutung meint Macht Vermögen und Können. Macht ist die Fähigkeit, etwas zu verwirklichen, sie ist die Lust, diese Welt mitzugestalten und Verantwortung zu tragen. „Gut überzeugende Macht ist immer Macht, die sich mitteilt, die andere an ihrer Macht beteiligt, sie er-mächtigt ihr Gegenüber, statt es zu unterwerfen. Power ist empowerment" (Dorothee Sölle).

Die Macht speist sich hauptsächlich aus zwei Quellen:
1. aus meiner Person mit ihrer Einmaligkeit, ihrer Lebens- und Glaubensgeschichte, ihren Erfahrungen und
2. aus meiner Position, die mir gegeben wurde oder die

ich mir erworben habe, z. B. Funktionen, Rollen und Ämter.

Verschaffen Sie sich einen Überblick, in welchen Bereichen Sie viel bzw. wenig Macht haben. Erstellen Sie dafür ein Profil mit einer Skala von 1 (wenig Macht) bis 5 (viel Macht):
- Einfluss
- Mitbestimmung
- Selbstbestimmung
- Beziehungen
- Erfahrungen
- Qualifikationen
- Fachwissen
- Zugang zu Informationen
- Zugang zu Geld
- Zeit

Sie können dieses Profil für verschiedene Bereiche Ihres Lebens erstellen. Dadurch werden Sie sich Ihrer Macht bewusst und erkennen, wo Sie noch mehr Macht erwerben wollen. (nach Eva Renate Schmidt)

Mut

Es gibt Situationen im Leben, die besonderen Mut erfordern. Sei es, zu einem bestimmten Zeitpunkt eine Entscheidung zu treffen. Sei es, sich gegen erlittenes Unrecht zur Wehr zu setzen. „Mut ist die Fähigkeit, nach innen zu blicken, Verbindung mit dem Herzen aufzunehmen und sich dem eigenen Selbst zu stellen" (Shoni

Labowitz). Mut erwächst aus der eigenen Lebenserfahrung und der anderer Menschen. Auch in der Bibel gibt es Geschichten von Frauen, die uns ermutigen können: Pua und Schifra (2. Mose 1, 15–22), Mirjam (2. Mose 15, 20 und 4. Mose 12, 1–16), Debora (Richter 4, 1–16), Maria Magdalena (Johannes-Evangelium 20, 1 ff). Meist sind es Krisenzeiten, die einen Menschen über sich selbst hinauswachsen lassen. Sammeln Sie Geschichten mutiger Frauen und nehmen Sie diese als Vorbilder. Belohnen Sie sich oder feiern Sie, wenn Sie eine „Mutprobe" bestanden haben.

N

Neid
Spüren Sie manchmal Neid gegenüber anderen Personen und fragen sich: Warum bekommt diese Person Anerkennung und ich nicht? Warum wurde sie gewählt und nicht ich? Warum ging sein Antrag durch und meiner nicht? Neid ist ganz normal und ein Zeichen dafür, dass Sie noch Lust auf die eigene Weiterentwicklung haben. Die Personen, auf die Sie neidisch sind, zeigen Ihnen, was Sie selbst begehren. Gehen Sie mit Ihrem Neid kreativ um und versuchen Sie, von den erfolgreichen Verhaltensweisen dieser Personen zu lernen.

Netzwerk

Was verstehen Sie unter einem Netzwerk? Fällt Ihnen ein Fischernetz oder ein Einkaufsnetz, ein Spinnennetz oder ein anderes Gewebe ein? Der zentrale Faktor für das berufliche und persönliche Weiterkommen sind die Verbindungen zu anderen Menschen. Deren Erfahrungsschatz kann Sie inspirieren und helfen, die richtigen Entscheidungen zu treffen. Die Mitgliedschaft in einem Netzwerk ermöglicht Ihnen, jederzeit einen kompetenten Rat einzuholen, mit anderen sich fachlich auszutauschen oder auch gemeinsame Aktionen zu planen. Der Vorteil von Netzwerken ist, dass sie ein großes Beziehungsgeflecht sind und weit verzweigte Informationskanäle aufweisen. Sie funktionieren nach dem Prinzip: Kontakte knüpfen und bei Bedarf nutzen. Wenn Sie Lust verspüren, einem Netzwerk anzugehören, dann können Sie entweder selber mit Frauen vor Ort ein Netzwerk gründen oder sich einem bestehenden Netzwerk anschließen.

* Beratung
* Zusammenarbeit

Opfer

In der herkömmlichen Sichtweise bedeutet Opfer einen Verzicht auf etwas, das für einen bestimmten Zweck hergegeben wird. Sei es Geld, ein Ding oder auch Zeit. Opfer hat für viele Frauen einen negativen Klang, weil ihnen häufig zu viel abverlangt wird oder weil Frauen auf anderen „Konten" ihres Lebens zu wenig erhalten. Bleibt dieses Ungleichgewicht länger bestehen, dann werden Frauen selbst zu Opfern und verinnerlichen diese Haltung. Überlegen Sie, wo Sie sich unnötigerweise selbst zum Opfer machen (lassen). Geben Sie ein Opfer bewusst und dann, wenn es Ihnen Freude macht.

Optimismus

Optimismus ist die heitere und zuversichtliche Lebensauffassung, die alles von der besten Seite betrachtet. Eine optimistische Einstellung hilft Ihnen auch in schwierigen Situationen, kreativ zu sein. Wählen Sie den Optimismus als Ihren Begleiter.

* Hoffnung
* Humor

Orientierung

Wenn Sie als Frau neues Terrain betreten, müssen Sie sich einen Überblick verschaffen. Ein guter Orientierungssinn ist dafür unerlässlich. Wo sind die Einbahnstraßen, Schlaglöcher, Ruhebänke und Erfrischungsbars? Wer hat Einfluss und Macht? Wo sitzen die Menschen mit gleichen Interessen? Was fällt Ihnen auf, worüber sind Sie erstaunt, was irritiert Sie? Trauen Sie Ihrem ersten Eindruck und Ihren Gefühlen, schätzen Sie Ihre Sicht der Dinge wert. Lassen Sie sich Zeit, sich zu orientieren und zu beobachten, Sie können sich dadurch eine Schatztruhe von Beobachtungswissen aufbauen, auf das Sie immer wieder zurückgreifen können.

Wenn Sie z. B. eine Stelle neu antreten, versuchen Sie möglichst genau zu hören, zu sehen und wahrzunehmen. Wer hat was zu sagen und wer tut nur so? Wie ist der Umgang untereinander? Wer ist unterstützend, wer kennt sich aus?

Oder Sie werden neu in ein Gremium gewählt. Wo sitzen die Blockierer und die Bedenkenträger? Wer vertritt welche Meinung? Welche Parteien sind miteinander im Clinch? Wer ist offen für Neues?

P

Pauke

Musikinstrument, das besonders geeignet ist, andere wachzurütteln und anzuführen. Dies hat schon Mirjam vorgemacht, als sie gemeinsam mit Mose und Aaron das Volk Israel aus der Sklaverei führte (2. Mose 15, 20 f). Hauen Sie öfter mal auf die Pauke. Und scheuen Sie sich nicht, den Rhythmus anzugeben.

Perfektionismus

Eine der ganz großen Blockaden auf dem Weg zum Erfolg ist der Hang zum Perfektionismus. Sicherlich hängt das bei Frauen auch damit zusammen, dass sie immer noch besser sein und mehr Leistung vorweisen müssen, um mit Männern konkurrieren zu können.

Überlegen Sie einmal, ob Sie sich damit nicht selbst ein Bein stellen. Der Volkswirtschaftler Vilfredo Pareto hat schon um die Jahrhundertwende eine erstaunliche Entdeckung gemacht: Nur 20 % an Energie sind notwendig, um 80 % des Ziels zu erreichen. Für die restlichen 20 % benötigen Sie 80 % der Energie. Es lohnt sich also nicht, alles perfekt zu machen, sondern sich auf das Wesentliche zu konzentrieren und dabei das Beste zu geben.

Wenn Sie zum Beispiel auf Ihrer Liste zehn Aufgaben stehen haben, suchen Sie die wichtigsten heraus. Den Rest können Sie vernachlässigen, später erledigen oder delegieren. Oder wenn Sie eine Veranstaltungsreihe planen, überlegen Sie, ob Sie statt fünf nur zwei Termine anbieten und die restliche Zeit in die Werbung stecken. Oder Ihre Frauengruppe will Gelder beantragen für ein Tagesmüttermodell. Sie können Wochen damit verbringen, an jedem Wort der Projektbeschreibung zu feilen, oder aber mit einem 80 %-Projektentwurf zufrieden sein und die verbleibende Energie für persönliche Termine mit den wichtigsten Personen nutzen.

Nach dem Pareto-Prinzip geht es darum, mit 80 % des Zieles zufrieden zu sein, weil der Aufwand, 100 % zu erreichen, sich nicht lohnt. Es ist sinnvoller, die verbleibende Energie zu nutzen, um weiter zu kommen oder Neues anzufangen.

* Ansprüche
* Zeit

Phantasie
Die Projektgelder sind gestrichen worden, eine Frau ist aus dem Team ausgestiegen, die Herstellung eines Produktes ist schief gelaufen. Sie sitzen in der Klemme und wissen nicht mehr weiter. Kennen Sie solche Situationen? Geraten Sie nicht in Panik, sondern gönnen Sie

sich eine Pause für die Mobilisierung Ihrer Phantasie, um für die Situation eine kreative Lösung zu finden. Bitten Sie Freundinnen und Kolleginnen, mit Ihnen Lösungsideen zu entwickeln. Beachten Sie dabei folgende Regel:

– Zunächst sind alle Ideen erlaubt, auch solche, die sich verrückt und unrealistisch anhören. Bewerten Sie in der ersten Phase der Ideensammlung nicht, sondern schreiben Sie alle Ideen auf ein großes Papier.
– In der zweiten Phase wählen Sie diejenigen Ideen aus, von denen Sie sich den größten Erfolg versprechen.
– Wählen Sie davon wiederum die beste Idee aus.
– Überlegen Sie jetzt, wie Sie diese Idee umsetzen können, und entwickeln Sie dafür einen Plan.
– Überprüfen Sie nach einiger Zeit, ob diese Idee zum Erfolg geführt hat. Wenn nicht, wiederholen Sie das Verfahren.

* Beratung

Projekt

Jede Idee, die in konkretes Handeln übertragen wird, ist ein Projekt. Vielleicht möchten Sie sich für einen Frauengottesdienst einsetzen oder der Erhalt der Kindertagesstätte ist Ihnen wichtig. Vielleicht liegt Ihnen der Aufbau einer Frauengruppe am Herzen oder Sie möchten eine Veranstaltung organisieren. Jedes Vorhaben können Sie als Projekt definieren und planen. Wie wird

Ihre Idee zum Projekt? Im zweiten Teil des Alphabets finden Sie konkrete Planungsschritte. Was Sie auf jeden Fall beachten müssen: Jedes Projekt ist so erfolgreich wie seine Planung!

Qualität

ist besser als Quantität. Haben Sie manchmal den Eindruck, die Qualität Ihrer Arbeit leidet durch die Menge der Aufgaben? Gönnen Sie sich den Luxus auszuwählen. Sie sind nicht für alles verantwortlich. Weniger ist mehr. Erstellen Sie eine Prioritätenliste und nehmen Sie die Aufgaben an, zu denen Sie Lust haben und die Erfolg versprechen.

Quelle

Quellen können sprudeln oder versiegen. Sie strömen aus der Tiefe und bringen klares, erfrischendes Wasser hervor. Auch die Quellen in uns können versiegen, wenn wir sie nicht pflegen. Was sind für Sie Quellen: Gedichte, die Natur, Schwimmen, Singen, die Bibel, das Gebet, Körperübungen, Menschen, ein Essen, ein Konzert? Werden Sie sich Ihrer Quellen bewusst und tauschen Sie sich mit Freundinnen darüber aus. Vielleicht entdecken Sie für sich neue Quellen.

R

Ressourcen

Ressourcen sind materielle und immaterielle Werte. Im Englischen bedeutet resource Reichtum, Hilfsquelle, (Geld-)Mittel, (Boden-)Schätze, Zuflucht, Ausweg, Einfallsreichtum, Findigkeit. Wichtige Ressourcen für Ihre Projekte können sein:
- Zeit (eigene und die anderer)
- Erfahrungen (eigene und die anderer)
- Fähigkeiten (eigene und die anderer): kognitive (Wissen), emotionale (Motivation, Leidenschaft, Energie, Lust), soziale (Beziehungen), psychische (Belastbarkeit) und physische (Körperkraft) Fähigkeiten
- Zugang zu Machtquellen (z. B. Informationen, Personen mit Entscheidungskompetenz)
- Räume
- Sachmittel
- Geld.

Schauen Sie sich um, wer in Ihrer Umgebung welche Ressourcen für Ihr Projekt beisteuern kann. Die meisten Menschen sind sehr freigiebig, wenn sie ein Interesse spüren und gefragt werden.

Ruach

„Der Geist Gottes schwebte über den Wassern", so beginnt die Bibel und erzählt von der Zeit vor Beginn der Schöpfung. In der hebräischen Sprache ist der Geist Gottes weiblich und heißt ruach. Die ruach wird beschrieben als Atem und Wind, der alles belebt, Neues schafft und in die Weite führt. Sie ist die Lebenskraft Gottes. In Psalm 104,30 heißt es: „Sendest du deine ruach aus, so werden sie geschaffen, und du erneuerst das Angesicht der Erde." Gott berührt uns mit der ruach und macht uns lebendig bis in jede Faser unseres Leibes. Die ruach ist dynamisch und setzt in Bewegung, sie gibt Mut, Hoffnung, Schwung, Lebensfreude und eröffnet neue Horizonte (Ezechiel 37 und Apostelgeschichte 2). Erfolgreiche Frauen in der Bibel wie Mirjam und Debora vertrauten auf den Beistand und die Weisung der ruach.

Ruhe

Bei allem, was Sie sich vornehmen und was Sie in die Tat umsetzen, gönnen Sie sich immer wieder eine Ruhepause. Schöpfen Sie Kraft und Inspiration aus der Stille, aus dem Innehalten, aus dem Zur-Ruhe-Kommen.

* Überforderung

S

Sehnsucht

„Wenn du ein Schiff bauen willst, so trommle nicht Leute zusammen, um Holz zu beschaffen, Werkzeuge vorzubereiten, Aufgaben zu vergeben und die Arbeit einzuteilen, sondern wecke in ihnen die Sehnsucht nach dem weiten, endlosen Meer" (Antoine de Saint-Exupéry).

Erfolg lebt von der Sehnsucht nach neuen Horizonten. Sehnsucht entsteht und kann wachsen, wo es eine Ahnung auf ein besseres Leben gibt. Wenn Sie Ihr Leben und Ihre Berufslaufbahn planen, dann gehen Sie Ihrer Sehnsucht nach, in ihr steckt der erste Schritt in die richtige Richtung. Wenn Sie andere motivieren wollen, dann wecken Sie in ihnen die Sehnsucht „nach dem weiten Meer".

* Aufbruch
* Hoffnung

Solidarität

Solidarisch meint gemeinsam, übereinstimmend, eng verbunden. Solidarisieren meint für jemanden oder für etwas eintreten, füreinander einstehen, sich mit jemandem verbünden, um gemeinsam Ziele und Interessen zu verfolgen.

Rut und Noomi, eine junge und eine alte Frau aus der Bibel, solidarisieren sich. Sie gehen gemeinsam ihren Weg, sie sind aufeinander angewiesen, sie erkennen ihre unterschiedlichen Fähigkeiten an, sie vertrauen einander. Dadurch entstehen Stärke und Zuversicht. Sie können sich die Geschichte der zwei Frauen zum Vorbild nehmen (Buch Rut).

* Bündnisse

Stimme

Unsere Stimme ist ein Ausdruck unserer Persönlichkeit und inneren Stimmung. Ausstrahlung und Stimme sind wie zwei Freundinnen, die sich gegenseitig stärken. Ihre Stimme hat großen Einfluss auf die Schwingung zwischen Ihnen und anderen Menschen. Mit der Stimme stellen Sie sich anderen Menschen vor, und sie ist einer der ersten Eindrücke, die andere von Ihnen wahrnehmen. Fühlen Sie sich wohl mit Ihrer Stimme? Haben Sie den Eindruck, dass Sie und Ihre Stimme eins sind? Können Sie mit Ihrer Stimme auch einen größeren Raum füllen, ohne dass Sie heiser werden?

Wenn Sie den Eindruck haben, Sie kommen mit Ihrer Stimme nicht durch oder sie zittert, wenn Sie reden, dann pflegen Sie Ihre Stimme mit Übungen.

Zum Beispiel mit der MONIKA-Übung: Sie stehen hüftbreit, gut verbunden mit dem Boden, locker in den Schultern und Knien, zentriert in Ihrem Becken, heben Ihre Arme auf Brusthöhe und umfassen in Ihrer Vorstellung einen Ball, Sie schwingen Ihre Stimme auf einen O-Ton ein und tönen ein MO, dann heben Sie die Arme nach oben über den Kopf, schwingen Ihre Stimme auf einen I-Ton ein und tönen ein NI und nehmen dann Ihre Arme nach unten leicht zur Seite geöffnet, schwingen Ihre Stimme auf einen A-Ton ein und tönen KA. Diese Übung können Sie mehrmals wiederholen. Sie eignet sich am Morgen zur Einstimmung in den Tag oder auch kurz vor einem Auftritt.

Stolpersteine

In der weiblichen Sozialisation werden verschiedene Stolpersteine gelegt, über die die einzelne Frau mehr oder weniger leicht hinweg kommt. Es sind:
– die Abneigung, Forderungen zu stellen
– die Schwierigkeit, sich abgrenzen zu können, Nein zu sagen, Grenzen zu ziehen,
– die Neigung, sich große Mühe zu geben und Perfektionsansprüche an sich zu stellen,
– die Abneigung, Statusfragen zu bedenken,
– die Neigung, zuerst am Selbstwert zu zweifeln und auftauchende Probleme zuallererst auf sich persönlich zu beziehen.

Die folgenden Ermutigungen helfen, diese Stolpersteine zu überwinden:
- Geben Sie die Erwartungshaltung auf, dass eine Veränderung nur von oben kommen kann.
- Schaffen Sie sich selbst Klarheit über persönliche Ziele und Motive und planen Sie den eigenen Weg aktiv.
- Geben Sie den defizitären inneren Platz auf und investieren Sie dafür in die eigene Stärke.
- Erlauben Sie sich, Grenzen zu ziehen.
- Bilden Sie Netzwerke und unterstützen Sie andere Frauen.

* Klarheit
* Netzwerke
* Ziel

Strukturen
Der Begriff Strukturen ist ein Sammelwort für die Art und Weise, wie Gruppen und Organisationen ihr Zusammenleben und -wirken gestalten. Dies kann sich ausdrücken in Vorschriften und Gesetzen, in Organigrammen, in Umgangsformen und in der sprachlichen Ausdrucksweise. Werden Strukturen über lange Zeit hinweg von Männern bestimmt, deren Lebensmuster von Karriereorientierung und einer durchgängigen Erwerbsbiografie geprägt ist, sprechen wir von „männlichen" Strukturen. Sie zeigen sich in der Schwierigkeit, Beruf und Familie zu vereinbaren, in endlosen Abend-

sitzungen, in der Schwierigkeit, sich als Frau Gehör zu verschaffen usw. So wie Strukturen sich entwickeln, so sind sie auch veränderbar. Dazu braucht es Frauen, die sich trauen, einen anderen Blick einzubringen. Es braucht Frauen, die in den entsprechenden Positionen sind, um andere Themen auf die Tagesordnung zu bringen. Ein anderer Umgang mit Strukturen kann auch bedeuten, einen Gegenakzent zu setzen, z. B. indem Sie konfrontieren, wenn zu viel harmonisiert wird, oder indem Sie Beiträge wieder aufnehmen, wenn unterbrochen und übersehen wird.

* subversiv

subversiv

Frauenpolitik ist immer auch subversiv, weil sie auf Veränderung der bestehenden patriarchalen Ordnung drängt. Ein Vorbild dafür sind die zwei Hebammen Pua und Schifra aus der Bibel (2. Mose 1,15 ff.). Sie bekommen vom Pharao den Befehl, die Jungen bei der Geburt umzubringen. Die Hebammen gehorchen diesem Befehl nicht und denken sich eine subversive Strategie aus: Sie kommen zu der anstehenden Geburt ein paar Minuten später. So sind die Kinder bereits geboren, wenn die Hebammen zu den Frauen kommen. Pua und Schifra handeln subversiv, weil sie der mörderischen Ordnung des Pharao ihre lebenserhaltende Ordnung entgegensetzen und so agieren, dass ihr Handeln dem

Leben dient. Widerstand gegen Ungerechtigkeit braucht subversive Ideen.

* Strukturen

T

Talente
Ein Talent ist das innere Licht eines Menschen, das nach außen strahlt. Beherzigen Sie den Satz Jesu: „Man zündet nicht ein Licht an und stellt es unter den Scheffel, sondern auf den Leuchter; dann leuchtet es allen, die im Hause sind" (Matthäus-Evangelium 5,15). Frauen verbergen ihre Talente eher, statt sie zu zeigen. Kennen Sie Ihre Talente? Erstellen Sie eine Liste davon. Sprechen Sie über Ihre Talente und wuchern Sie mit ihnen. Beobachten Sie, was sich verändert, wenn Sie diese in Ihrem privaten und beruflichen Umfeld einbringen.

Tausch
Wir werden unendlich reich, wenn wir mit anderen unser Wissen, unsere Ideen und Fähigkeiten austauschen. Entdecken Sie das Tauschgeschäft.

Beispiel: Sie möchten, dass eine bekannte Professorin in Ihrer Organisation einen Vortrag hält, können jedoch das Honorar nicht bezahlen. Sie bieten der Professorin an, im Tausch ein Strategieseminar für Studentinnen an ihrer Universität durchzuführen.

Oder: Eine Frau bittet Sie um eine Beratung und schneidet Ihnen dafür professionell Ihr Haar.

Tausch beruht darauf, dass wir unsere Kompetenzen mit den Kompetenzen anderer austauschen. Dadurch vermeiden wir Frust, der dann entsteht, wenn wir immer nur die Gebende sind. In Tauschbeziehungen geben wir unsere eigene Leistung nicht einfach selbstlos weiter. Tausch ist die Basis für Zufriedenheit in Arbeits- und Liebesbeziehungen. Probieren Sie es aus!

Team
Welche Gefühle verbinden Sie mit der Vorstellung, in einem Team zu arbeiten? Konflikte, Anstrengung und Lähmung oder Inspiration, Ansporn und Entlastung? Unter welchen Bedingungen arbeiten Sie gerne und gut in einem Team? Achten Sie bei der Zusammenarbeit im Team darauf, dass jede und jeder die eigene Identität ausbilden kann und nicht im kollektiven Wir unsichtbar ist. Für den Erfolg eines Teams ist folgende Frage hilfreich: Wofür wollen wir bekannt sein?

* Fähigkeiten
* Differenz

Träume

In biblischen Zeiten ließ sich der Pharao einen Traum von sieben fetten und sieben mageren Kühen von Joseph erläutern. Josephs Deutung führte dazu, dass der Pharao in den sieben Jahren des Überflusses das Korn lagerte, um für die sieben folgenden Jahre zu sorgen, in denen die Ernte karg ausfiel (1. Mose 41).

In der Bibel und in den großen Mythologien gibt es zahlreiche Schilderungen von Träumen. Es scheint so, als ob unsere Vorfahren auf ihre Träume sorgsamer geachtet hätten, als wir dies heute tun. „Träume sind Schäume", dieses Sprichwort drückt aus, dass Träume Hirngespinste seien und besser nicht ernst genommen werden sollten. Dabei können Träume wichtige Impulse für unser Handeln und für die eigene Weiterentwicklung sein. All unsere Träume bergen nichtgelebte Möglichkeiten in sich, die uns auf eine Neuorientierung hinweisen. Träume können visionäre Kraft entfalten, wenn sie ernst genommen werden. Fangen Sie an, nach den Träumen aus Ihrer Jugend zu graben und auf Ihre Träume zu achten.

* Fähigkeiten
* Gebet
* Intuition

U

Überforderung

Besonders Frauen sind gefährdet, sich zu überfordern. Die Hintergründe liegen meist in der eigenen Unsicherheit, in der Angst vor neuem Terrain und der Neigung zum Perfektionismus. Vor der Gefahr der Überforderung hilft eine sorgfältige Prüfung: Woran erkenne ich, dass ich mich überfordere? Was sagt meine innere Stimme? Wenn Sie sich überfordert fühlen, dann gönnen Sie sich erst mal eine Ruhepause. Erinnern Sie sich an Situationen, die Sie bereits gemeistert haben. Überlegen Sie sich, wer Sie in der gegenwärtigen Lage unterstützen kann.

„Unmögliches zu leisten kann niemand verpflichtet werden." An diesen Grundsatz aus dem Römischen Recht können Sie sich erinnern, wenn Sie das Gefühl haben, es wird alles zu viel.

* Ansprüche
* Perfektionismus

Überzeugung

Wenn Sie etwas erreichen wollen, brauchen Sie die Überzeugung, dass sich Ihr Vorhaben lohnt. Stellen Sie sich folgende Fragen:
Warum will ich das erreichen?

Warum will *ich* das erreichen?
Warum will ich *das* erreichen?

Vertrauen
Vertrauen hat drei Dimensionen: Vertrauen zu mir, zu anderen und zu Gott. Es ist der Nährboden, aus dem Stärke und Zuversicht wachsen können. Jede Dimension nährt die andere. Je mehr Vertrauen Sie haben, desto leichter können Sie auch mal magere Zeiten bestehen.

Vision
Eine Vision ist ein geistig-spirituelles Bild von der Zukunft. „Ein Volk ohne Vision geht zugrunde" (Dorothee Sölle).
Propheten und Prophetinnen in biblischer Zeit haben Visionen geschaut (z. B. Maria, Lukas-Evangelium 1,46–55), die bis heute Menschen Hoffnung geben auf eine bessere Welt. In Visionen liegen Impulse zur Veränderung. Was muss geschehen, dass Ihre Vision sich verwirklicht? Setzen Sie sich aufgrund Ihrer Vision konkrete Ziele.

Weisheit

Die Bibel erzählt von der Weisheit als Gespielin Gottes. Das hebräische Wort für Weisheit ist chokmah, das griechische sophia, beide Worte sind weiblichen Geschlechts. Die Weisheit tritt als Frau auf. In Sprüche 8,22–30 wird berichtet, dass sie schon vor der Schöpfung wirkte und Gott durch ihr Scherzen und Tanzen zum Lachen brachte. Sie tritt als Lehrerin und Predigerin auf (Sprüche 1,20 ff., 8,1 ff.), lädt als Gastgeberin in ihr Haus ein (Sprüche 9,1 ff.) und berät Könige und Mächtige. Entdecken Sie die Weisheit für Ihre Spiritualität. Sie können ihre Geschichte und Ratschläge im Buch der Sprüche in der Bibel nachlesen.

In der Bibel gibt es Frauen, die uns inspirieren können bei der Suche nach einem weisheitlichen Führungsstil: Mirjam, Debora, Maria Magdalena. Halten Sie Ihre Augen offen für Frauen, die weisheitlich handeln, und überlegen Sie sich, was Sie von ihnen lernen können.

Wertschätzung

Wir leben in einer Umgebung, die sich eher an den Defiziten orientiert als an Stärken, mehr an dem, was nicht geht, als an dem, was machbar ist. Im Alltag wirkt sich das so aus, dass wir mehr Zeit mit Jammern und Lamentieren verbringen als mit dem Suchen nach Lösungen. Oder wir verbringen mehr Zeit, darüber nachzudenken, was wir alles nicht können und wo wir versagt haben, anstatt damit, uns gegenseitig auf unsere Stärken aufmerksam zu machen und uns daran zu freuen. Eine wichtige Voraussetzung für ein wertschätzendes Miteinander ist Feedback-Geben. Beachten Sie dabei Folgendes:

1. Formulieren Sie konkret und verallgemeinern Sie nicht.
2. Senden Sie Ihr Feedback in zeitlicher Nähe zur Situation.
3. Bitten Sie Ihr Gegenüber ebenfalls um ein Feedback.
4. Geben Sie nur mit Einverständnis ein Feedback.
5. Setzen Sie Ihr Feedback nicht absolut.

Z

Zeit

„Meine Zeit steht in Gottes Händen" (Psalm 31,16).
Beherzigen Sie vier Regeln im Umgang mit Ihrer Zeit:

1. *Nutzen Sie Ihre Zeit.* Seien Sie zur richtigen Zeit mit der richtigen Idee am richtigen Ort.

2. *Achten Sie auf Ihre Zeit.* Entscheiden Sie bewusst, wofür Sie Ihre Zeit einsetzen wollen. „Das Heute recht gelebt, macht das Gestern zu einem Traum voller Glück und Zufriedenheit und das Morgen zu einer Vision voller Hoffnung" (aus dem Sanskrit).

3. *Erkennen Sie, dass Zeit wertvoll ist.* Unsere Zeit ist geschenkte Zeit, deshalb tragen Sie auch die Verantwortung, sie bestmöglich zu nutzen. Haushalten Sie gut mit Ihrer Zeit.

4. *Lernen Sie, Zeit zu haben.* Wenn Sie anderen Zeit schenken, dann tun Sie dies mit ganzem Herzen.

Ziele

Der sicherste Weg, zum Ziel zu kommen, ist, eines zu haben. Können Sie Ziele setzen? Es gibt ein einfaches Muster, das in vier Schritten vorgeht.

1. Subjekt	2. Verb	3. Inhalt	4. Zeitpunkt
Ich	mache	ein Führungstraining	bis zum nächsten Sommer.
Wir	veranstalten	eine Anhörung über die Situation von Alleinerziehenden in unserer Region	bis zum Jahresende.
Ich	informiere mich	über Finanzierungsmöglichkeiten von Frauen-Kulturveranstaltungen	in den nächsten drei Monaten.

Überlegen Sie, was Sie bis wann erreicht haben möchten. Schreiben Sie dies in einem konkreten Aussagesatz auf. Dieser Satz darf keinen Konjunktiv (z. B. ich könnte) und keinen Wunsch (z. B. ich möchte) enthalten. Der Witz an diesem Vorgehen ist, dass Sie sich selbst festlegen.

Teil II

Seid klug wie die Schlangen
Strategische Planung

Sechs Schritte strategischer Planung für die Frauenpolitik

Nicht klagen, sondern strategisch handeln, darin sehen wir den frauenpolitischen Impuls für das kommende Jahrzehnt.

Mit den *sechs Schritten strategischer Planung* wollen wir Sie in Ihrem Alltag unterstützen, ein Vorhaben oder ein Projekt von Anfang an so zu planen, dass es auch zum Erfolg wird und Ihnen Spaß macht.

Strategisches Planen hilft, sich im Dschungel von Ideen, Erwartungen und Aufgaben zu orientieren und Schwerpunkte zu setzen. Es regt an, Visionen zu entwerfen, Ziele klar ins Auge zu fassen, Ideen zur Umsetzung zu entwickeln, Entscheidungen zu treffen und Ergebnisse zu überprüfen. So können wir Energien gezielt einsetzen und Überforderungen vorbeugen. In dem Wort „Strategie" versammeln sich die Aspekte Klugheit, Erfahrung, Fachkenntnis, Talent, Führung und Planung in einem. Wir verwenden diesen Begriff bewusst, weil wir das Wissen, das in dieser Kunst liegt, für die Frauenpolitik nutzen wollen. Wir möchten – kurz gesagt – mit dem Wort „strategisch" die Verbindung von visionärem Denken und zielgerichtetem Handeln herstellen.

Die *sechs Schritte strategischer Planung* können Sie mit einer Gruppe oder auch alleine bearbeiten. Nehmen Sie sich für jeden Schritt genügend Zeit. Denn: je konkreter die Planung, desto leichter die Umsetzung.

1. Schritt: Eine Vision entwickeln

Was kann uns beflügeln, uns für eine bessere Welt zu engagieren?
Was kann uns beflügeln, für die gleichberechtigte Gemeinschaft von Frauen und Männern einzutreten?
Es ist der Überschuss von Hoffnung auf eine Welt und auf eine Kirche,
- in der es Gerechtigkeit beim Zugang zu Macht, Einfluss, Geld, Räumen, Medien und Informationen gibt,
- in der Erfahrungen, Lebenssituationen und Ideen von Frauen in die Zukunftsplanungen Eingang finden,
- in der es eine gleichberechtigte Zusammenarbeit zwischen Hauptamtlichen und Ehrenamtlichen gibt,
- in der eine Sprache gesprochen wird, die Männer und Frauen anspricht, und
- in der neue Formen der Spiritualität entwickelt werden.

Visionen sind der Motor für Veränderung. Stellen Sie sich die Welt, Ihre Organisation, Ihre Kirche oder Kirchengemeinde in zehn Jahren vor. Wie sieht es an diesem Ort aus? Was wollen Sie gewinnen? Der Aufbruch dahin muss verlockend sein! Malen oder schreiben Sie Ihre Vision auf und tauschen Sie diese mit anderen aus. Wer hat eine ähnliche Vision?

Meine Vision

....
....
....

Die Visionen der anderen

....
....
....

Gesamtvision

....
....
....

Wichtige Stichworte aus dem Alphabet

....
....
....

2. Schritt: Von der Vision zum Ziel

Ziele helfen, eine Vision oder Ausschnitte einer Vision zeitlich näher (1–2 Jahre) zu rücken und sie konkreter werden zu lassen. Sie ermöglichen, Visionen auf den Boden der Realität zu holen. Sie erhöhen die Handlungsfähigkeit und motivieren zur Umsetzung. An was würden andere erkennen, dass sich an Ihrem Ort etwas verändert hat?

Was andere als Veränderung wahrnehmen sollen und können, setzen Sie sich heute zum Ziel. Stellen Sie sich folgende Fragen:

– Was konkret möchten wir erreichen? Welche Resultate sollen dabei herauskommen?
– Welches Ziel ist das wichtigste? Worauf konzentrieren wir uns?

Kriterien für die Formulierung von Zielen:
– wichtig und sinnvoll
– erreichbar innerhalb der nächsten 1–2 Jahre
– konkret
– messbar und nachprüfbar
– positiv formuliert
– verbindlich

Meine/unsere Ziele für die nächsten ein bis zwei Jahre

....
....
....
....
....
....

Mein/unser wichtigstes Ziel, auf das ich mich/wir uns konzentrieren

....

Wichtige Stichworte aus dem Alphabet

....
....
....

3. Schritt: Vom Ziel zur Umsetzung

Je klarer Sie Ihr Ziel vor Augen haben, desto besser können Sie konkrete Ideen zur Verwirklichung entwerfen. Stellen Sie sich folgende Frage:
– Mit welchen Maßnahmen können wir unser Ziel erreichen? Machen Sie ein Brainstorming und sammeln Sie alle möglichen Ideen.

Regeln für das Brainstorming:
– Freier Ideenfluss ohne Schere im Kopf.
– Auch verrückte Ideen dürfen genannt werden.
– Nicht bewerten oder kritisch kommentieren.
– Nicht diskutieren.
– Alle sind an der Ideensammlung beteiligt.
– Sich anstecken lassen von den Ideen der anderen.
– Möglichst viele Ideen (mindestens 10).
– Erst dann beenden, wenn Sie den Eindruck haben, unter den Ideen sei eine geeignet.

Brainstorming für Maßnahmen

1. ....
2. ....
3. ....
4. ....
5. ....
6. ....
7. ....
8. ....
9. ....
10. ....

Wichtige Stichworte aus dem Alphabet

....
....
....

4. Schritt: Die Landschaft erkunden

Wenn Sie neues Terrain betreten, dann müssen Sie sich zunächst einen Überblick verschaffen. Wo gibt es Talsohlen und hohe Berge, wo gibt es reißende Flüsse und wo sehen Sie eine Brücke? Über welchen Berg lohnt es sich drüber zu steigen und welchen umgehen Sie besser? Bevor Sie sich auf den Weg machen, machen Sie sich zuerst ein Bild über Ihr Umfeld. Nehmen Sie die Bedenken und Ängste anderer ernst und gehen Sie nicht darüber hinweg. Sie tauchen sonst immer wieder als Hindernisse auf.

Handlungsebenen und Entscheidungskompetenzen bestimmen:
– Wer hat Einfluss auf welcher Ebene?
– Welche Personen müssen zustimmen?
– Welches Gremium muss darüber entscheiden?

Ressourcen erkennen und nutzen:
– Wer hat Erfahrung und kann uns beraten?
– Wer verfügt über wichtige Informationen?
– Wo gibt es Bündnispartner und -partnerinnen?
– Auf welche Netzwerke können wir zurückgreifen?
– Mit wem möchten wir gerne zusammenarbeiten und eine Lobby bilden?
– Wer hat noch Interesse an unserem Vorhaben und könnte mitarbeiten?
– Welche kompetenten und einflussreichen Personen können wir gewinnen?

Handlungsebenen	Entscheidungskompetenzen

Ressourcen, die ich/wir nutzen kann/können

....
....
....
....
....
....
....
....
....
....

Wichtige Stichworte aus dem Alphabet

....
....
....

5. Schritt: Umsetzen und realisieren

In dieser Planungseinheit geht es darum, die Ziele und die Ideen zur Umsetzung in konkrete Schritte zu übertragen. Stellen Sie sich folgende Fragen:
- Welche Idee ist am geeignetsten, um unser Ziel zu erreichen? Entscheiden Sie sich für die Maßnahme, von der Sie sich den größten Erfolg versprechen und auf deren Umsetzung Sie Lust haben. Kriterien für die Auswahl sind: geeignet, konkret, realistisch, zeitlich begrenzt, leistbar, motivierend.
- Welchen qualitativen Standard wollen wir? Sind unsere Ansprüche realistisch?
- Wie muss die Gruppe/das Team aussehen? Welche Fähigkeiten müssen darin vorkommen? Welche Talente können wir nutzen?
- Wer übernimmt die Koordination und Leitung?
- Wem übertragen wir welche Entscheidungskompetenz?
- Wer übernimmt welche Aufgabe?
- Wie informieren wir über unser Vorhaben?

Erstellen Sie nun eine detaillierte Arbeitsschritteplanung:
- Wer macht was bis wann?
- Welche Etappenziele gibt es auf dem Weg?
- Im Planungsprozess ist es hilfreich, sich immer wieder zu überlegen, was zu tun ist, wenn der schlimmste Fall oder der beste Fall eintritt.

Folgende Maßnahmen versprechen den größten Erfolg
....
....
....

Standard und Anspruch
....

Zusammensetzung des Teams
Name .... Fähigkeit
....
....
....

Aufgaben und Entscheidungskompetenzen
Wer   Aufgabe   Entscheidungskompetenz
....
....
....

Detaillierte Arbeitsschritteplanung
Wer   was   bis wann?
....
....

Wichtige Stichworte aus dem Alphabet
....
....
....

6. Schritt: Nichts ist so motivierend wie der Erfolg – Ergebnisse überprüfen

Eine Überprüfung der Ergebnisse unserer Arbeit kann für weitere Schritte sehr beflügeln. Wir stellen fest, der Einsatz hat sich gelohnt. Oder wir erkennen, was wir verändern müssen. Stellen Sie sich folgende Fragen:
– Was haben wir bisher erreicht?
– Was läuft gut? Was macht Spaß?
– Womit sind wir unzufrieden?
– Was können wir in Zukunft anders machen?
– Was können wir tun unter veränderten Bedingungen?
– Müssen wir unsere Ziele korrigieren?
– Welches nächste Etappenziel nehmen wir uns vor?
– Wie sieht die nächste Etappe aus?

Spätestens jetzt ist es an der Zeit, ein prickelndes Getränk aufzumachen und die ersten Erfolge zu feiern.

Überprüfung der Ergebnisse

Ergebnisse   zufrieden   unzufrieden

....   ☐   ☐
....   ☐   ☐
....   ☐   ☐
....   ☐   ☐

Korrekturen

....
....
....

Nächste Etappenziele

....
....
....

Wichtige Stichworte aus dem Alphabet

....
....
....

Die Deutsche Bibliothek – CIP-Einheitsaufnahme

Bartsch, Gabriele:
Alphabet für die erfolgreiche Kirchenfrau : seid klug wie die
Schlangen / Gabriele Bartsch ; Dorothee Moser. – Stuttgart :
Kreuz Verl., 1999
    ISBN 3-7831-1675-9

1   2   3   4   5   03   02   01   00   99

© Kreuz Verlag Stuttgart 1999
Postfach 80 06 69, 70506 Stuttgart, Tel. 0711-78 80 30
Ein Unternehmen der Dornier Medienholding GmbH
Umschlaggestaltung: Jürgen Reichert, Stuttgart
Gesamtherstellung: Grafische Betriebe Wilhelm Röck,
Weinsberg
ISBN 3 7831 1675 9

Frauen Asiens im Aufbruch

340 Seiten, Paperback
ISBN 3-7831-1204-4

Seit Frau Chung im Februar 1991 bei der Vollversammlung des Ökumenischen Weltkirchenrates die Weltbühne betrat und das Foto von ihrem Feuertanz um die Welt ging, gilt die südkoreanische Theologin als eine Identifikationsgestalt für Frauen in der ganzen Welt. Und als «gefährlich», weil sie urwüchsige Traditionen Asiens in ihre christliche Spiritualität einbezieht.

KREUZ: Was Menschen bewegt.

www.kreuzverlag.de

Frauen gestalten Kirche

220 Seiten mit
mehreren Fotos
und Noten,
Paperback
ISBN 3-7831-1630-9

Erster ökumenischer Frauenkongress 1997 in Ludwigsburg, Baden-Württemberg: Frauen aus fast allen christlichen Konfessionen kamen zusammen. In diesem Band werden die Ziele christlicher Frauen artikuliert, die sie in ihren jeweiligen Kirchen erreichen wollen. Frauen wollen sichtbar werden, in allen kirchlichen Ämtern wirken, ihre Sprache, ihr Gottesbild, ihre Spiritualität soll Geltung bekommen. Der Band ist bestimmt zur Weiterarbeit in Frauengruppen und enthält Vorträge, Liturgien und praktische Erfahrungen sowie Tipps zur Organisation einer solchen Veranstaltung - vom Sponsorship bis zur Medienarbeit.

KREUZ: Was Menschen bewegt.

www.kreuzverlag.de